Vidannia

ВІДАННЯ

МУДРІСТь ДАВНІХ ПЕРЕДАНь

СХІДНО-СЛОВ'ЯНСьКА МІФОЛОГІЯ У ВІРШОВАНІЙ ФОРМІ

Wisdon of Easter-Slavic Tales
Eastern-Slavic Mythology in Poetic Form

WISDOM OF ANCIENT TALES

МУДРІСТЬ ДАВНІХ ПЕРЕДАНЬ

Vidannia

ВІДАННЯ

МУДРІСТЬ ДАВНІХ ПЕРЕДАНЬ
СХІДНО-СЛОВ'ЯНСЬКА МІФОЛОГІЯ У
ВІРШОВАНІЙ ФОРМІ

Wisdon of Easter-Slavic Tales
Eastern-Slavic Mythology in Poetic Form

Ivan Petryshyn

Іван Петришин

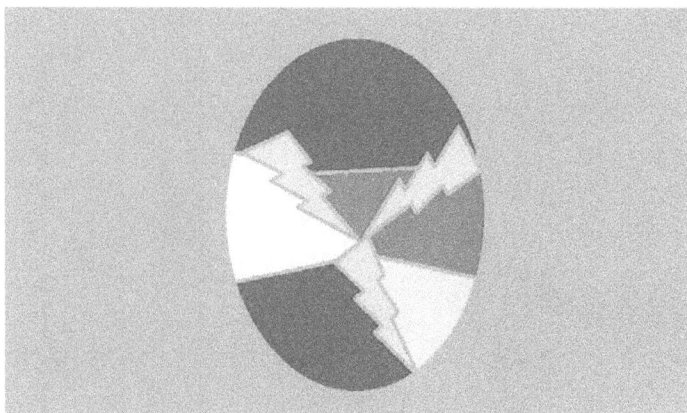

Shoestring Book Publishing, Maine, USA

Vidannia

ВІДАННЯ

Paperback

ISBN: 978-1-943974-80-1

Published by; Ivan Petryshyn
Shoestring Book Publishing.
Maine, USA

Layout and design by Shoestring Book Publishing

For information address;
shoestringpublishing4u@gmail.com
www.shoestringbookpublishing.com

Contents

Preface

My goal with Vidanni is to publish a book of Poetized Eastern-European Slavic Mythology in Ukrainian (for departments of Slavic Languages and Literatures and for the interested adults/learners).

Introduction

This is a book of Poeztized Eastern-European Slavic Mythology in Ukrainian for departments of Slavic Languages and Literatures and for the interested adults/learners).

Different prosaic sources were used. The author decided to make it a kind of a saga to attract the readers, who may be interested in the rudiments of the Slavic Mythology better known as a collection of isolated pagan legends and beliefs.

ВСТУП.

Ця книга- є україно-мовною Поетизованою Східно-Слов'янською Міфологією для відділень слов'янських мов і літератур, а також для зацікавлених дорослих/студентів.
У книзі було використано різні прозаїчні джерела. Автор вирішив зробити книгу на кшталт саги, щоб привернути увагу читачів, які можуть цікавитися залишками Слов'янської Міфології, краще відомої як збірка ізольованих паганських легенд і вірувань.

МУДРИ МУДРОСТИ

МУДРУВАЛИ МУДРО.

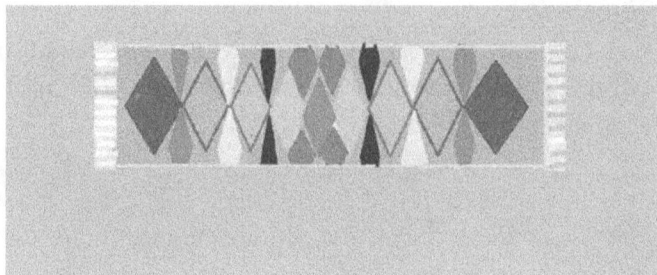

ВІДУНИ

і відали Відуни Веди,
що вели вельми велично
до Великого Видіння-Відання,
до Верху Вежі Возу Великого,
до Волопаса Ватри Всевідчого,
до Вод Вогнених Відо-Міці,
до Ваг Вагання Віждання,
що вабить Вітри Вишні
високо-зір вогненних,
вияву видимого, відаючого і звіданого
Ведуном Ведучим відомих ведених
до Віжди Віків віданих.

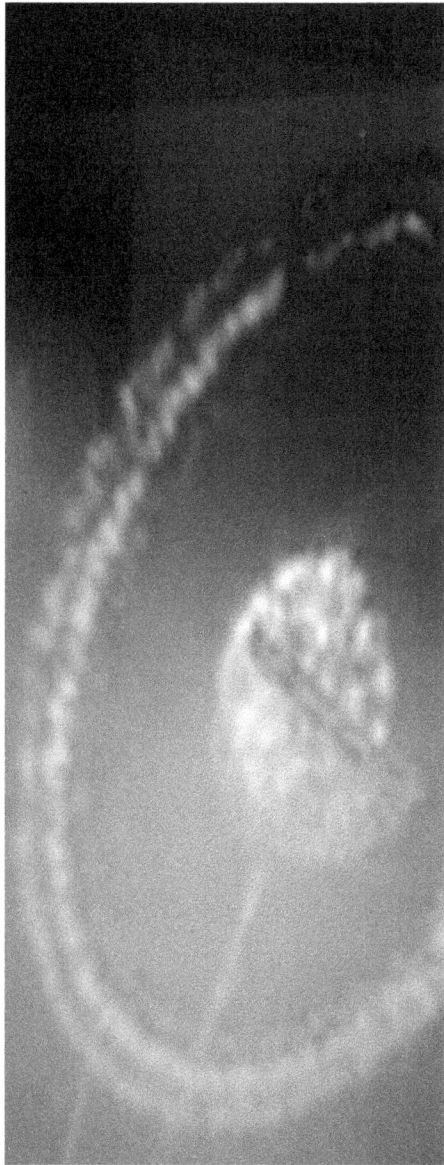

ВІДАННЯ

ПРАБОГО`ВЕ ТА ПРА-ВІРА

ЗВІД ЗЕМЕЛЬ СЛОВ`ЯНСЬКИХ СХІДНИХ

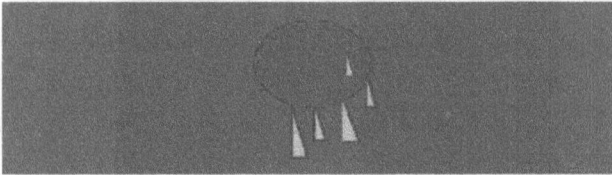

і Пра-Бог промовив:
Правда прядиво плете,
прагне Праве прямо проголосити-
прожити прожите правильно треба,
як Коромислом Веселка воду носить-
ані краплі не пролити.
просити слід Пращурів праведних
Правди навчити, поріг Роду охоронити.

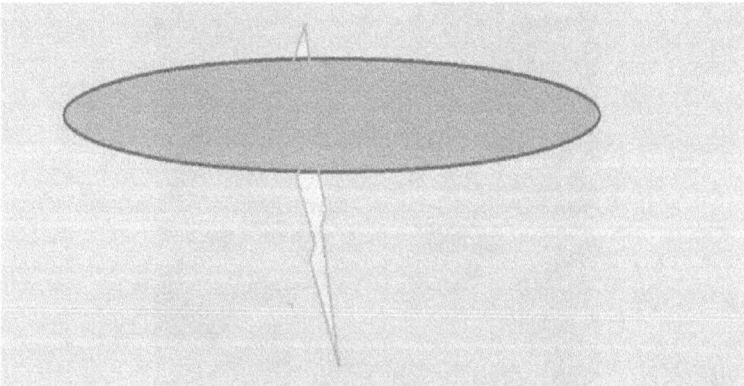

і Білобог дав Днебесам Перуна,
щоб усе темне побороти,
Даждь-богу, Селонецеві-Сонцю,
підсобити.
і посилає він Білуна до людей
Землю обходити, людям добре робити.
ходить він із посохом, весь - білий,
борода - біла, до пояса,
і зійшов він з Північного Полюса.
добрий, лагідний та співучасний Білун,
не просто старий дідун!
і увидів він одної днини
квача круглого,
з якого щось промовляло
на волю випустити прохало.

і спитав бог богів,
хто в'язень такий,
і відказав ув'язнений,
що божок- він маленький.
і доброчинний бог визволив його
із кулі яйце-видної.
та злим був той:
спалахнуло яйце,
і вийшов злий.
і оповів йому Білун
про задум Землю створити,
і наказав злому аж до дна моря спуститися
і жменю землі звідти принести.
лихий покорився, і спустився на саме дно моря.
та, у водах моря, думка йому прийшла:
і він міг би світ створити.
і узяв він жменю землі із дна моря,
а трохи її у роті сховав, аби свій задум звершити.
повернувшися до бога богів, віддав лихий Білобогу
землю. і звелів Білун: " Земле, зрости!"
і розширилася земля, і суходіл створила.

але, й земля у роті лихого теж почала зростати,
і надулися його щоки, і розплював він землю перед собою.
і втік лихий, залишивши землі криж,
що сталася горбами та горами.

і був Білун богом лагідним,
і приходив він на поля врожаї збирати
допомагати. і умів Білун з людьми жартувати.
і, часом, носив він торбинку коло свого носа,
і, як видів, що хтось добре працював на полі,
просив йому носа втерти.
і, щойно те зробив косар чи жнець,
відразу золоті із торби випадали,
а Білун щезав, бо інші діла мав.
і був Білун товаришем людям робітним,
чесним та бідним.

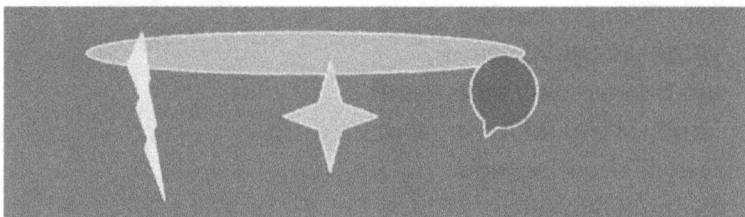

було у Білуна три сини:
Перун, Зюзя-Мерзль, Чорнобрив.
і їх трьох Білун любив.
та був Чорнодій богом лиха,
чоловіком Марани, богині життє-косарки.

і з братом своїм Перуном,
у війні був Чорнодій,
та зборов його Перун
молотом чаклунським,
що дав йому його отець, Білун.

був на Руси Чорнобог,
та зборов його Перун,
син Бога Білого,
владного та вмілого.

і жахливим богом Зими був Зюзя,
старезний та бридкий,
з бородою сивою та довгою,
і носив він хутро біле,
простоволосий та босий,
і тримав він у руці паль залізний
або булаву.
коли він лютував,
палем залізним дерева вдаряв,
лід та сніг приносив,
Зимою зимною усю Землю оповивав,
льодами поля і дороги кував.

Перун, бог грому, війни та чоловічої честі,
доблесті та звитяги,
улюбленцям дарував перемогу,
піднімав їх стяги.
Був Перун високим, чорноволосим,
із бородою золотою.
мав він у руках два кресала, два жорна,
що ними кресав,
блискавку та грім викликав.
у гніві був він невмолимий-
хто образив його,
падав від удару громів та маланок.

і мав собі Перун за жінку Громовицю,
що ще й звали Колядою,
богинею літа та плодючості.
і була вона жінкою вродливою,
погідною та красивою.

на голові у неї - була корона з колосків пшениці,
в руках - овочі та зела,
несла вона доброту та співучасть в села.

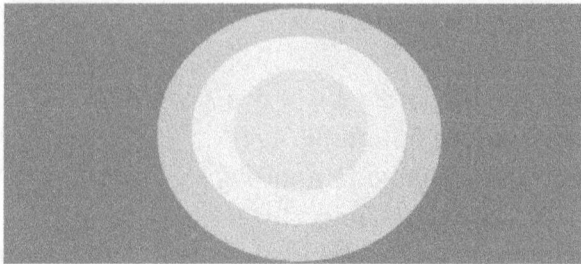

і людей Громовиця любила,
як, раз, побачила, як Зюзя з Зимою
людей заморили,
народила сина Даждь-бога, бога Сонця, тепла і літа,
щоб зігріти Перунові діти.

задумала Громовиця, що піде Даждь-бог
на Зюзю війною та його переможе,
бо Зюзине зи`мно людові вороже.

як дізналася Зюзя про Громовиці задум,
стала ведмедем, зібрала коло себе усі злі духи,
холодні Завії, ривкі Вітровії,
що вовками перекинулися.
із лютими помічниками,
зашастала Зюзя, полюючи на Громовицю
та на її дитину, Сонце-сина.
Громовиця перекинулася на козу,
сховалася у вербах. там вона народила
сина Даждь-бога.
і водять слови і словіни козу
на Коляду,
щоб задобрити Громовицю молоду,
коля`ди співаючи, Живу прославляючи.
і знали козлярі у давнину
таємниці Днебес,

і читали замовляння,
і їли овес.

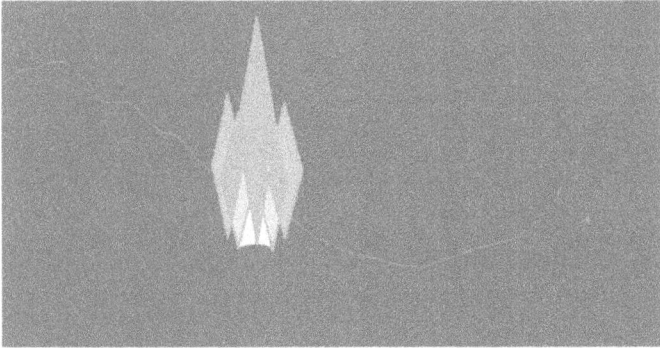

і зростав Даждь-бог у силі і розумі,
і прославився як розпорядник достатку
та багатства.
і полюбив він Ладу, богиню Весни,
квітів та зелен-трав,
і її за жону він собі обрав.

" ой Ладо, Ладо,
що вітаєш радо,
що тепло приносиш,
птахів у край просиш,
що квіти ростиш,
що трави шовковиш,
підімо, Леле,
зі мною на лови!"
"ой, Перуне, сило громо-блискавична,
мені ходити на лови вельми незвично.
я квіти рощу та трави плекаю,
і, без ловів, ти мій Лелю,
я тебе кохаю".

а була Лада дочкою Чар-Мори,
богині синього-зеленого моря.
і було її обличчя світле,
і було її волосся довге й золоте,
і такої вроди не знайшов би ніде.
а плавала вона на човні золотому,
веслом срібним воду гребла,
і, пливучи по морі, тихо пісню вела.
вихилився Даждь-бог якось із небес,
аби Ладою помилуватися,
її вродою надивуватися,
задовго дивився,
хлюпнула Лада на нього води-
"що води не напився?"
не дивись-но сюди!
закохався Даждь-бог у Ладу,
і, щоб було все до ладу,
зійшов з неба високого,
щоб просити у Мори-царівни
руки Лади-королівни.
розгнівся цар Мор,
бив Даждь-бога жорстоко,
не зомлів він поки.
та викрутився Даждь-бог
з-під влади Мора,
і вдалося йому Ладу завоювати,
хоча Мор і не хотів її заміж видавати.
і слуга Даждь-бога Промінь допоміг йому-

розклав по березі моря плаття чудові,
і ще - зелені сандалії, прегарні,
і було це не марно:
Лада приплила до берега, щоб їх собі взяти.
лиш торкнувся човен берега,
Промінь схопив Ладу і привів до Даждьбога,
і одружилися Даждьбог та Лада,
прекрасна, вродлива, і назвали її Лялею
або Льолею, що пов'язалася з Дажбогом долею.
від Дажбога Лада Ярила народила,
бога полів, росту, сили, звитяги й любові.
це був юнак гарний, у білому плащі,
з вінком із квітів,
на білому коні, із снопом жита у лівій руці,
і з черепом- у правій:
він давав і розквіт, і він вершив Право.

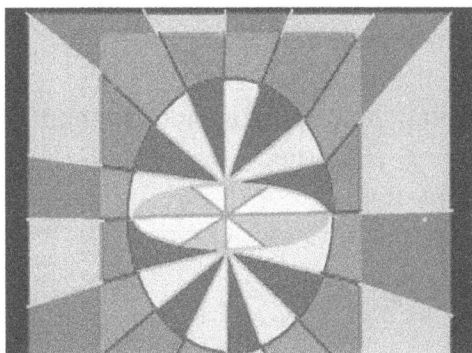

за наказом Лади,
розчинив ворота Неба Ярило,
зійшов на Землю, показав свою силу,
весни початок оголосив,
усіх до тепла запросив.
стала його жоною Весна,
тепла та ніжности богиня-
волосся шовкове, вічі - небо-сині.
"Ярило, де ступить,
там- жита копою,

а, де зирне',
там колосок квітне,
дужий Ярило та привітний".

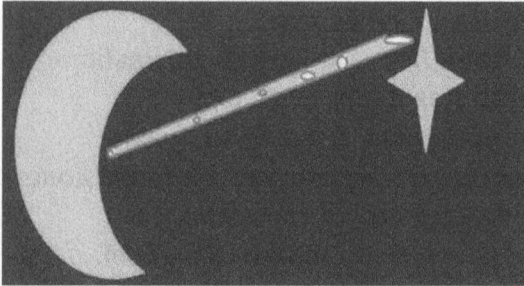

не можна обминати Велеса- Волоса,
бога Місяця, місяця-світила,
що йому кожна вівця і корова милі.
він- пастухів покровитель,
що захищав їх і учив, як їм треба жити.
Велес завше мав волинку,
грав і весело співав,
аби час із чередою скоріш хлопцям проминав.
жона Велеса - Денниця,
ранняя Зірниця,
при появі якої діви миють лиця.

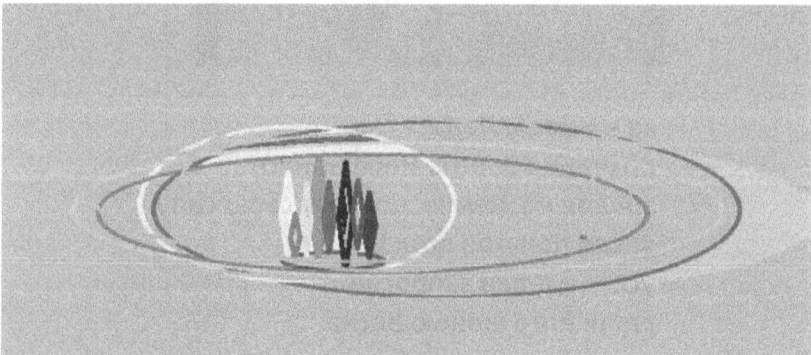

бог Сварог- усерог,
що небом керує,
що вогонь дає,

вогонь викликає,
усе вміє, усе знає,
що робити кожен має.

і купається Сонце- Сварог,
як Купала,
коли тільки Зор'я встала,
кохається у вінках
на дівках й молодиках:
все - у квітах, все- зелене,
і- красиве, і- всесильне,
поле й дуби-деревини,
все віншують безневинних,
очищають дим-водою:
усі запахи лісів,
уся міць води-водиці,
усі квіти із галявин,
із гаїв та із полянок-
все п'янке та диво-сильне-
час сподобин довесільних.
і пливуть вінки із квітів,
і пливуть вінки із дуба-
яка буде дівка люба?
хто ж то буде красень-легінь?
танці, співи, сміх і регіт,
аж до півночі Купала,
коли тільки зірка грала
у заплаві синьо-річки,
коли місяць-човен тихо
плюскотить у річці Долі,
парубки, ну, майже голі

йшли шукати цвіто-жару
па`поротнього, живого,
що, як жар палахкотить,
як зірвеш його, умить
станеш зразу над-багатим,
над-вродливим і над-дужим,
то й відразу шукай дружбу,
скарб викопуй з-під рослини,
станеш краснем для родини
і нап'єшся вуст красуні,
і поставиш там палац ти,
й житимеш щасливо й довго,
від Купала до Купала-
тільки раз зірвеш ту квітку,
пречудову довголітку.
купай, купай, голівоньку,
очі-зорі та брівоньки,
руки-ноги, груди, чресла,
поки крига ще не скресла,
бери цвіт, красуню й весла-
і греби на другий берег,
наливай медовий келих,
омочи квіт незів'янний,
випий трунок цей під ранок-
і тебе стріла не вцілить,
списи гострі не зачеплять,
станеш братом ти Ахілу,
будеш в війську Аполона,
у слов'янського Купала,
хоч та ніченька коротка,
та тобі талан ужала.

і Їв́ан відкриє врата,
поки не прийдуть Коляди,
час до іншої принади,
вечір Віче і Поради,
Всесвіту Рівно-Порядок.

Денес

День-Денес
Зорею освічений,
Ранком оповіщений,
Променями світло-носами
коронований,
людьми шанований.

По'ґода керує-рядить:
всі Вітри йому підвладні,
всі Дощі та Суховії,
усі Бурі, усі Зливи,
усі Спеки, усі Сльоти,
всі Сніги, Льоди, Тепло',
увесь Холод, усе Зи'мно-
Погода той - неутримний,
але також - бог з богами,
що володарюють нами.

Кресач

креше Кресач кресалами
Вогонь-жари викресує,
світлі іскри вичесує.
із каменю-кресала,
Ватра косу чесала,
Полум'я закликала,
плем'я-Рід збирала
на Календу і Купала.

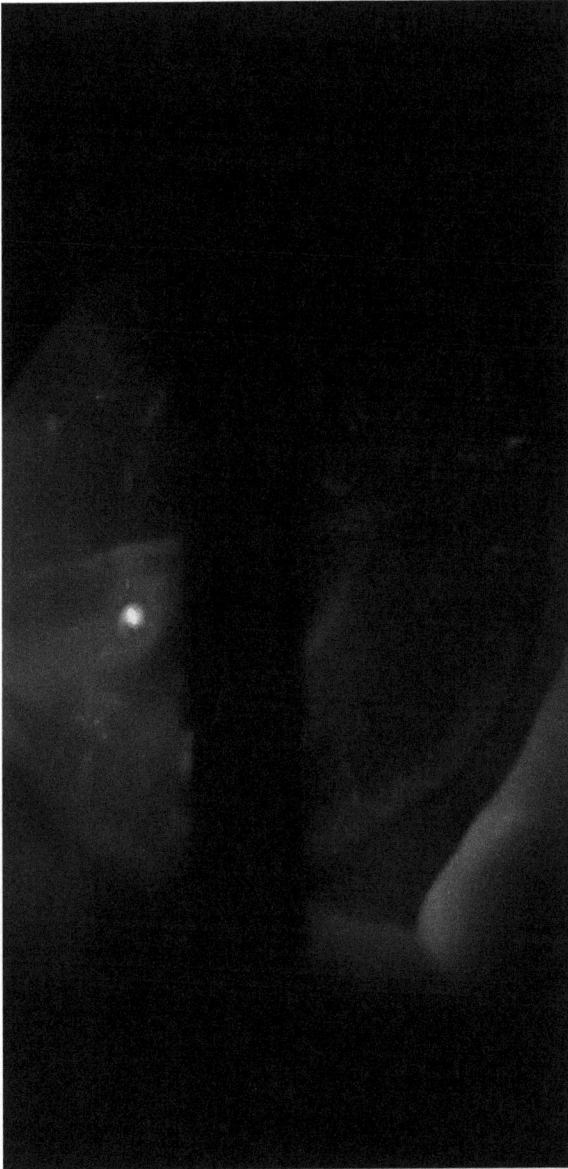

В'єсень Осінь звістує,
усіх лащить та годує,
возить врожай до комори,
на Зиму слово говорить.

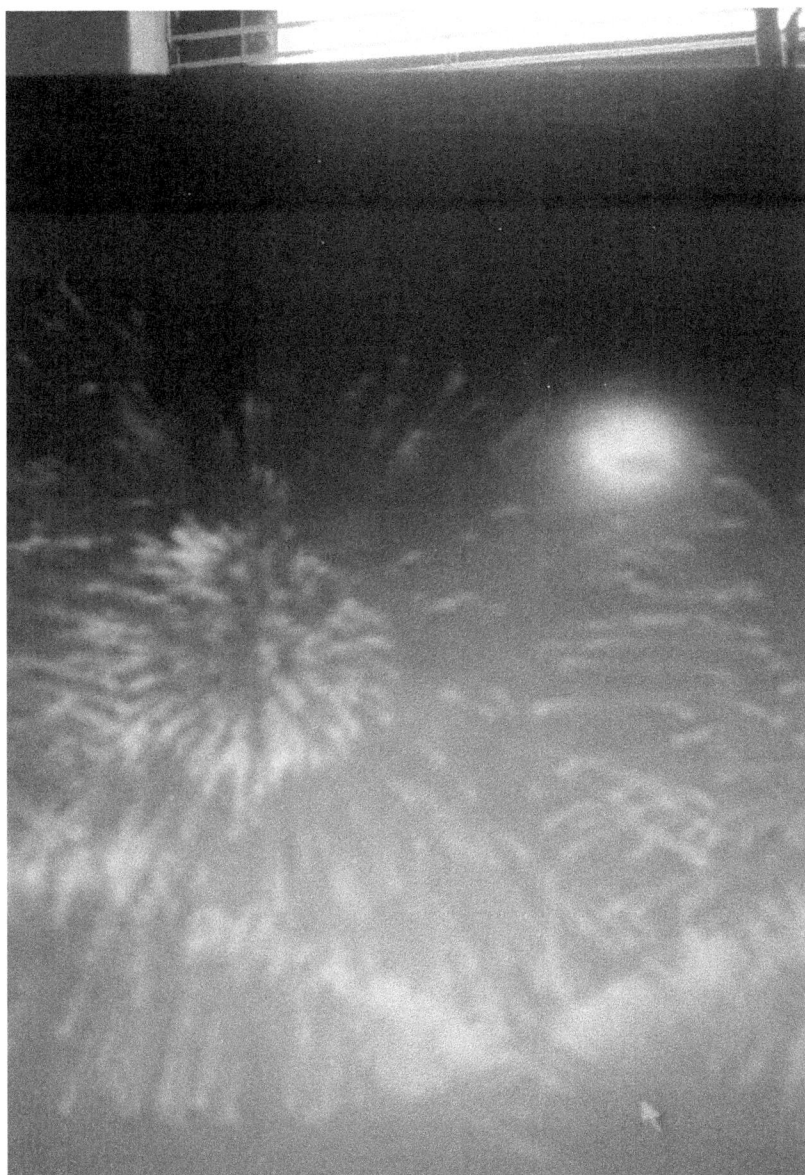

споро дає Спориш достатку
на Купала і Колядку,
на Весну, Осінню Зиму,
грошей і харчів, як диму.

і усього Бо'гач має,
все- багато, всього - досить,
хто побачить, той попросить,
Бо'гач багатство приносить,
і багатство і врожай-
як шануєш, тоді - й май!

і роїв Рій людей Роду свого,
як бджіл докупи, до одного села,
аби була у них разом сила немала.
і множив рій Рід,
і ширив він світ,
і давав родючість і приплід,
аби зростав Рода Рід.

МОКО'ША

ой, Мокоша- моя ко'ша,
те, що накосив, зібрав,
те, що до Зими, придбав-
добра, жвава і весела,
що оберігає села,
що череду опікує,
що танцює і працює,
що прядиво в воді мочить,
що нитки з нього сукає,
що з ниток тче полотна,
що їх мочить-розправляє,
що з них кроїть одяг сірий,
одяг білий й синюватий,
що рушники вишиває
для бояр і для хати.
ой, Мокоша глядить скоса,
або - з теплою любов'ю,
або мружиться грайливо-
праця для Мокоші - диво.

а, от Житень йшов житами,
маленький та старий,
о трьох очах, весь кудлатий,
що не мав стодоли й хати,
але був осіннім богом,
помагав зробити много-
все зібрати, запастись на довгу Зиму,
непривітну й непростиму.

Рожаниці

Рожаниці на ружах
ворожать,
людські долі сторожать,
прядуть нитку невиди`му,
із туману і із диму,
прядуть й тихо промовляють,
пісню щасну співають,
як стомиться нитка- рветься,
доля тоді обірветься,
та богині долю зв'яжуть,
як і прялі в'яжуть пряжу.

Лель леліяв добрих діток,
гарних дівочок і хлопців,
бавив сонцем і теплом,
ягодами і медами,
і грибами, і горіхом,
і усім, що є поживне,
аби було жити дивно.

Озер

Озер дзеркала озер
стереже і гладить,
де шукати раків і рибу,
рибалкам порадить.

був завжди на чатах Чатник,
чатунів, за всім дивився,
хто за кого залюбився,
що зробив і що накоїв,
мав очей великих двоє.

а Хлівник, хлівів порядник,
гнав стада по травах весен
до безсилля, до знесили,
пастухи й'го не любили.
та боявсь Хлівник волинок,
звуків послуху-спокою,
як почув волинки звуки,
утікав із бородою,
що лякала коні й вівці,
і корови, й білі кози,
випадали при волинках
дрібні і сріблясті роси.

Звірина`

ходить лісом Звірина
звірями по стежках,
п'є водицю, їсть траву
і кущі, і лози,
перестрибує болота,
жує верболози.
не чіпай тварин лісних,
не вбивай їх задарма`,
як узнає Звірина,
у неї - жалості нема.

Чур стеріг всі хатні межі,
як всередені, так й здвору,
і поля, і пасовиська,
бачив він всю челядь зблизька.

Чур ставав недобрим Цуром,
коли хтось недобре зичив,
був той Цур аж двохязичним.
і казали роду люди:
"Цур - тобі та осина` !
та негода весняна!"-
тому, хто робив недобре,
мав же Чур серце хоробре.

мила та гожа Домася,
що жила за печею,
й веселились діти з нею.

в кожній хаті там
велася

у оселях жив і Ді`дух,
що плекав домівку рідну,
виносився на Кутю
на морози люті-куті,
щоб Весною зняти Люті,
що все били Зимном-Хлодом,
не змогли збороть лиш глоду.

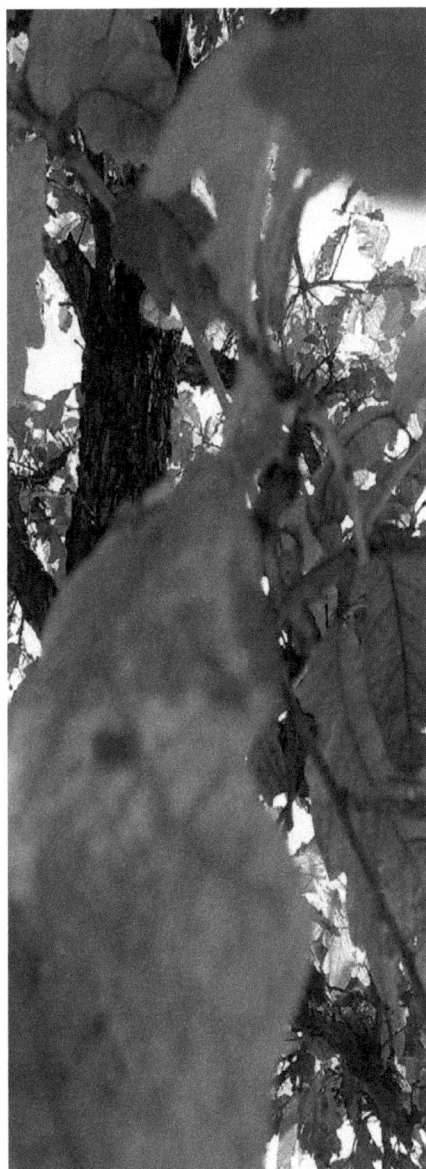

жили в лісі Лісуни,
разом з Паном, в Чорнім Лісі,
при дубах і при горісі,
що плекали таємниці
днів, що були до Пшениці.
там була Ковбаня Чорна,
хто наблизився- пропаде,
і не було на те Ради,
Ліс - не є підвласний Ладу.

а, Мара, богиня злая,
все блукала лісом древнім,
хто у мандрах- збила з стежки,
посилала йти до Блуда,
не давала спати вно`чі,
і зникала по півночі.

помагали їй Нічниці,
привередливі дівиці,
злі, недобрі та зависні,
що робили все навмисне.

і чигали злії Злидні,
що приносили нещастя
і біду, і неврожай.
бачиш Злидня-
щось подай,
бо підеш і сам із торбами
між деревами й кущами.

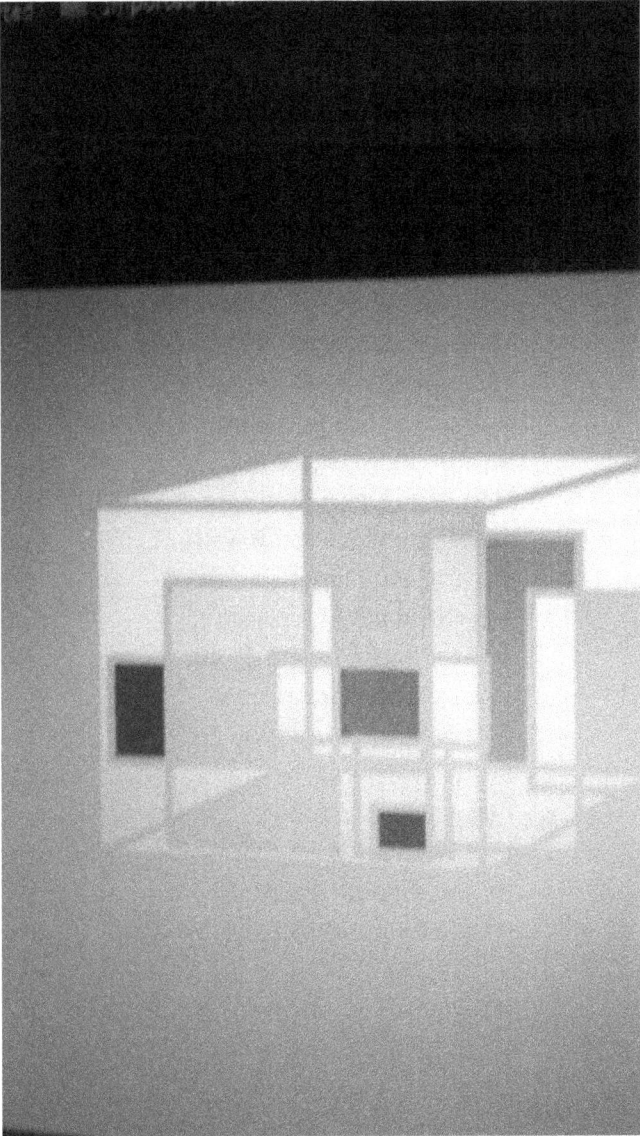

Переполох

Переполох, Страх і Ляк
знає кожен, знає всяк:
ходять, ловлять несміливих,
там, де темно, де безлюдно,
там лякає навіть тиша,
чи сосна стрімка, найвища,
чагарі, кущі, болото,
Чорний Ліс чи Ковбаня,
там блукає також й Каня.
від Страху-Переполоху,
від Простріту і від Пуду,
замовляння ректи буду,
буду спати я на зіллях,
буду пити я відвари,
що боїться навіть Мара,
буду я кадити трави
і вдихатиму дим Сміли-
рятувати від Пуджі
колись зоревидці вміли.

Трясця

ходить Трясця, де удастся,
трусить руки, ноги, губи,
їй ніхто з людей не любий-
всіх наказує то жаром,
то гарячкою, то остудою,
закрива очі полудою,
хто не слухав зоревідів,
Трясця всіх чомсь ненавидів.
тільки знахар, трав знавець,
міг Трясці знайти кінець-
пили кріпці та відвари,
що нищили хворі чари,
і пітніли, спали довго,
у сорочці полотняній,
між сухих, пахучих трав-
за два дні, Трясця пропав,
і поїли водо-плином,
теплим, далі - ледь студеним,
і крижаною водою,
далі - тільки жменю каші,
далі- купелі гарячі,
і холодні, і тендітні-
і вставали з ліжок діти,
й піднімалися всі літні,
зморені, але привітні,
мали їсти припічки житні,
походити по росі до північ`і
і до ранку,
щоб буть дужим на світанку-
проганяли Лихо-манку.

Змора

обходила гаї й бори
наша втомлююча Змора.
поорав- Змора - при тобі,
пополов- Змора - з тобою,
помисливив- Змора- ніжна,
пробуй так чи сяк, чи різно-
Змора-Втома прийде пізно,
щоб забрати в тебе силу
й готувать тебе до Сну!
Змора? тихо! ні - ну-ну!

Водяниці- Купалиці

Водяниці-Купалиці,
що не ходять до криниці,
виходять з озер-річок,
входять босо в потічок,
мають очі, як озера,
у сорочках-киптарях,
на хлопців наводять Страх,
особливо на безвусих,
чорнооких, темних, русих-
їх заманювали в воду
до водяного народу,
їх манили до любові,
до кохання водо-виру,
а казали, що- у Вирій.
не ходіть ніччю при водах,
бо навік затягнуть в воду.

ПОКУТНИКИ

по кутах стоять покутники-
два хлоп'ятка, два дівчатка,
відбуваючи провини,
бо не слухали Родину,
кожен дивиться у кут,
жде прощення й каші з медом,
і розмови з дідом Ведом,
який зна' много казок
про пастушків і їх ріжок.

весільники

весільники-новосільники,
перевезенці, постільники,
бандуристи, сопілкарі,
що співають у дворі,
кажуть молодих побрати,
трохи вина-меду дати,
трохи м'яса та квасолі,
щоб діти були некволі,
трохи цибулі-капусти,
щоби вівці були тлусті,
трохи зерна, маку, бобу,
що приносять Долю добру,
трохи грошей та перини,
варення з суниць й малини,
трохи горіхів-грибочків,
щоб родилися синочки,
трохи пісень та любові,
щоб чорними були брови,-
коровай та паляниці,
пироги, куті з пшениці,
та кресала, й добрі жорна,
праники, паси, сорочки,
спідні й верхні, та віночки,
чаро-трунки, чаро-зілля,
й рушник-килим на весілля.

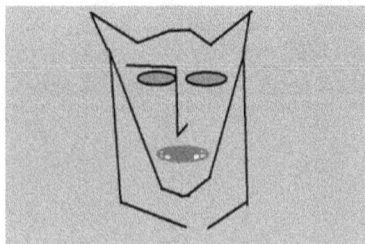

вовкулака - то людина,
що зробитись може вовком,
така вродиться чи стане.
як побачить тімна жінка
в лісі вовка, в неї буде вовкулака,
що народиться під світлом
певної планети звірів,
хто це бачив, не повірив б.
вовкулака, що вродився,
менш страждає, ніж той інший,
що ним став куди пізніше,

той обернений - в барлогах прожива,
у лісі бродить,
хоча він й людського роду,
думає як ми з тобою,
але завше є в двобої
сам з собою.

і старий, й малий є здатний
стати сірим вовко-людом,
він є проклятим, нелюбим,
але може повернутись
знову він в світ, як людина,
через кілька довгих літ,
як побачить певний світ.

вовкулаки, що вродились,
всі живуть в сім'ї, як люди,
та вночі їх чари будять,
і стають вони вовками,
і винищують худобу,
вранці, знов беруть подобу
просто кволої людини,
чоловіка чи дитини.

чорні сили дуже сильні
і таємні, незнищимі,
надприродні, неосяжні,
непізнаннні, незворотні-
не поможуть трави жодні,
бо ідуть вони з безодні.

стережись, людський бо роде,
злого наміру природи:
май в душі Великобога,
пам'ятай завжди про Нього,
не гріши, бо покарають
тебе місяці і зорі,
зло, яке хтось заподіяв,
принесе велике горе.

пам'ятай, якщо вагітна
з'їсть із м'яса, що їв вовк,
то вовкун у неї буде,
проклянуть його всі люди,
всі роди і покоління,
і чекатимуть на чудо,
їм побачиться видіння.

чоловік не має права
у свята` ділити ложе,
в піст, кохатись він не може,
бо не тільки це негоже,
від гріха такого може
народитись вовкулака,
що не їстиме цибулі,
часнику, хрону і маку.

відьми злі і ворожбити
можуть злого наробити-
зачарують, хто не вірить,
хто із нечистю зведеться,
із відьмою побереться,
та його зведе на гору,
в землю ніж устромить гострий,
скаже тричі через нього
перекинутись на горбі-
обросте юнак волоссям,
стане вовком сіро-сивим,
а не парубком красивим.

зачарований відьмами
мусить жити між вовками
рівно три великих роки,
не побачить людей поки,
як йому привернуть людскість,
то ніхто уже не зможе
знов його зачарувати,
хто б не вмів як чаклувати.

як хтось знає вовкулаку,
врятувати його можна,
перевівши через упряж,
або, щоб він аж три рази
через голову перекинувся,
як це зробить, він прокинеться,
й знову стане чоловіком,
й житиме в добрі до віку.

помогти вовкуну можна
способом ще й відворожним:
вдарити його три рази
по голові перевеслом,
розплющиться йому розум,
наче ріка скресне.

як людина, вовкулака
має вигляд геть понурий:
густі брови та великі,
що зрослись на переніссі,
очі вовчі та червоні,
як вогні звіра у лісі.

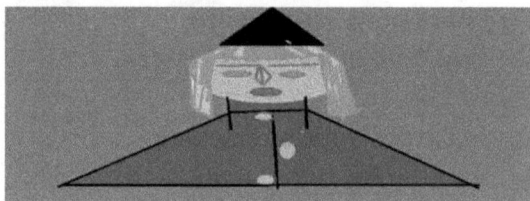

відьма

відьма
відає і знає,
з неба зорі видирає,
місяць медом поливає,
закликає
сили звідти,
виливає злі нещастя,
коли тільки їй удасться,
випиває трунок злості,
перемиє усім кості,
вириває серце чисте,
із зубів - в неї намисто,
виявляє тайні віди,
літа' в ступі із мітлою
і трима вітри в вуздечках,
та боїться меду й гречки,
і свічок, й води із льодом,
сама не зна' , здвіки родом,
сипле зоре-пісок в очі,
який пам'ять паморочить.

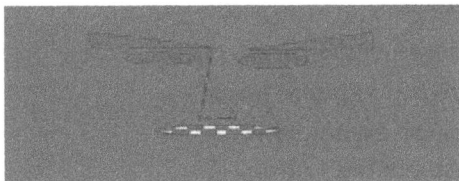

упирі

і виходять упирі,
коли темно надворі,
вони смокчуть кров людську
не жаліючи нікого,
мов нечисті, вони ходять
на широкую дорогу.
упирем стає людина,
як на неї вітер війне,
сильний, злий та степовий,
та недобрий, та зловісний-
упир усім - ненависний.
може мати він рум'янець
надрум'яний, страхітливий,
може бути він й красивий,
але може буть й страшний,
з головою, наче бочка,
руки - довгі, ноги - довгі,
як старий упир, то човга,
але може буть дитятком,
провіщаючи майбутнє,
у таких- розум відсутній,
у таких- немає страху,
і міцні вони, і сильні,
щоб носити упирища,
коли вітер сильний свище,
коли бурі вернуть сосни
і дуби, і вільхи рослі.
упирі- то чаклуни,
вовкулаки і невірні,
богохульники, ненависники святого,
вони бродять по світах,
поки не дістануть роги.
уночі, вони на сонних
накидаються зненацька,

особливо, на маленьких,
кров висмоктують дочиста,
потинають, як худобу,
того, хто насправді добрий.
сила їхня- нетривала,
лиш до співу перших півнів,
лиш до крику "ку-ку-рі-ку!",
що в них силу віднімає,
їх тікати спонукає
всіх назад у землю мокру,
аж до нової північі,
коли знову заклекоче
в них у грудях сила злая,
що другим життя вкоротить:
тільки той упир не бродить,
що його проб'ють кілком,
не із верби, а з осики,
в нього тоді сила зникне,
ні, не встане він вже більше,
його тіло спопелиться,
зникнуть засухи, полл'ється
із джерел чиста водиця,
і хворіб уже не буде,
житимуть щасливо люди.

ІСКРИ ЖОРЕН МИНУЛИХ ЛІТ

•

СВІТЛО СЛАВИ
СЛО`ВА
БУДУ ШУКАТИ У ВСЕ-РОЗІ, ВАРОЗІ,
СЛАБІСТь Я ВІДКИНУ,
СПАЛЮ,
СЛОВО Я ЗАСВІЧУ У ЗЛОТІ ЗІР.

2.
ЩАСТЯ ЩАБЛІ
ШУКАЮТь СВОБОДУ
У РАДОСТІ РІВНОЇ СПРАВЕДЛИВОСТИ
НА ШАЛьКАХ ВАГ ПРАВД І ЧЕСНОТ.
3.
ПОРЯДНІСТь

по ряді Роду
ряджу:
і вам я раджу:
не ко`пайте собак,
чи поліно у вогні,
бо священний і пес,
і поліно у полум'ї.

4.
даруй мені, Боже,
характер гожий,
якщо не даєш доброї долі,
дай мені хоч трохи волі
поспівати, поплакати,
потужити,
наче й нічого не було
прожите.

ой, вигнали мою Долю
у широке поле,
а, Доля пожурилася,
слізьми умилася,
у потічок подивилася,
проросла вербою,
щоб стрічатися з тобою.
не плач, дівче,
не журися,
Текля їде кіньми в полі
пошукати тобі Долі,
тобі Долі, тобі хати,
готуючи гарні шати.

==

Index

ІНТЕРНЕТ ДЖЕРЕЛА:

http://belarusjournal.com/sites/default/files/JBS_1966_2_A%20Gui
de%20to%20Byelorussian%20Mythology.pdf
http://thezaurus.com/webzine/category/Myths%20and%20Legends
http://monstropedia.org/index.php?title=Category:Bulgarian_myth
ology
http://www.myczechrepublic.com/prague/history/prague_legends.
html
https://en.wikipedia.org/wiki/Polish_mythology
http://www.encyclopediaofukraine.com/pages%5CM%5CY%5CMyt
hology.htm
https://en.wikipedia.org/wiki/Slavic_mythology#Written_sources
https://en.wikipedia.org/wiki/Serbian_mythology#Slavic_legendary
_creatures
https://en.wikipedia.org/wiki/Baltic_mythology
http://www.godchecker.com/pantheon/baltic-mythology.php
http://www.godchecker.com/pantheon/baltic-mythology.php?list-
gods-names
http://www.folklore.ee/rl/pubte/ee/bif/bif1/kokare.html
http://humbox.ac.uk/1840/
https://en.wikipedia.org/wiki/Polish_mythology
https://en.wikipedia.org/wiki/Germanic_mythology
http://www.behindthename.com/names/usage/germanic-
mythology
http://www.last.fm/group/Norse+Mythology/forum/43769/_/4986
82
https://quizlet.com/1079562/celtic-welsh-irish-norse-germanic-
anglo-saxon-judeo-christian-finnish-slavic-mythological-names-
from-behindthenamecom-flash-cards/
http://forum.wordreference.com/threads/indo-iranian-and-slavic-
languages-birds-and-the-sun.2604736/
https://www.academia.edu/6189700/Slavic_and_Greek-
Roman_Mythology_Comparative_Mythology_Brukenthalia_Acta_M
usei_No._3_2013

http://live-box.net/referati/istoriia-ukrainskoi-kultury/52-referat-na-temu-mifolohiia-slovian
http://poradu.pp.ua/nauka/24302-slovyansk-mfi-legendi-bog-soncya-u-slovyanskih-mfah.html
http://velemudr.com.ua/index.php/2-news/159-struktura-zamovlyannya-u-slov-yan
http://www.ebk.net.ua/Book/cultural_science/zakovich_kulturolog iya/part3/304.htm
http://www.v-stetsyuk.name/uk/Iron/Culture.html
http://www.spadok.org.ua/pol-ssya/zamovlyannya-v-sistem-duchovno-kulturi-pol-ssya.html
http://www.mydarkcanvasdesign.com/slavic_path.htm
https://opolczykpl.wordpress.com/podreczny-slownik-slowianski/
https://pl.glosbe.com/pl/cu/

Biography

Studied and worked in Ukraine, Italy, Germany and Russia, as well as in the USA. Ex-senior teacher, ex-professor, interpreter, teacher: Ivan Franko State Teacher University, Kyiv State/National Linguistic University, Saint Xavier University, Ukrainian Saturday School "Ridna Shkola".Author ("Chas I Podii"). The author has publications online (articles, projects,)

The author is working as a full-time instructor continuing his professional development having completed various courses of different Universities, Harvard and European Universities included. He continues his linguistic research and translation activities having translated many Ukrainian classical poems into English and many English and Italian poems into Ukrainian. Member of the ALTA and the ILS.

Sincerely Ivan Petryshyn

Please Review!

All independent authors depend upon reviews left on Amazon.com readers to help promote their books. Without these reviews, they w. hardly get any notice. Please take the time to leave a short review. Simply go to Amazon.com, find the book and go to the book's page. Under the author's name will be a list of reviews and stars. Click here and there will be a big button saying "Create your own review". Please click here and review.

It only takes a minute!